Alba ri linn

Dealbh còmhdaich: Iomhaigh de Raibeart Brus aig Allt a' Bhonnaich.

Dealbh taobh a-staigh a' chòmhdaich: Bealach a' Bhrranndair, Earra-Ghaidheal.

Dealbh na duilleige tiotail: Clach Bhrus aig Gleann an t-Sruthail.

A' chiad fhoillseachadh sa Bheurla le Wayland (Publishers) Ltd,
61 Western Road, Hove, East Sussex BN3 1JD, Sasainn.

© na Beurla Wayland (Publishers) Ltd 1994
© na Gàidhlig Acair Earranta 1994

Foillsichte sa Ghàidhlig le Acair Earranta, 7 Sràid Sheumais, Steòrnabhagh, Leòdhas, 1994

Comhairlichean: Dòmhnall Guinne, Oifigear Foghlaim aig BBC Alba, agus Richard Dargie, Neach-teagaisg Eachdraidh, Ionad Foghlaim Mhoray House, Dùn Eideann.

Neach-deasachaidh na Beurla: Joanna Bentley

A' Ghàidhlig: Catriona Mhoireach

Deilbhte agus dèanta: Pardoe Blacker Earranta

Clò-bhuailte: B.P.C. Paulton Books, Breatann

LAGE/ISBN 0 86152 145 5

Taing airson dealbhan

Bu toigh le na foillsichearan taing a thoirt do na leanas airson dealbhan: British Library 17; The Master and Fellows of Corpus Christi College, Cambridge 15, 34; Crown copyright/By permission of the Controller of Her Majesty's Stationary Office 21 (bonn), 39; Cumbria Record Office 19; Dòmhnall Guinne 30, 31; Historic Scotland 13 (na dhà), 27, 28, 37 (clì), 39; National Galleries of Scotland/Scoular 41; © The Trustees of the National Museums of Scotland 29, 35; By permission of the Duke of Roxburghe/National Library of Scotland 7 (mullach); Scottish Record Office 38; Still Moving Picture Company 7 (bonn, A Burgess), 22 (clì, K Paterson), 40 (Alasdair Smith); Wayland Picture Library 18, 37 (deas); By courtesy of the Dean and Chapter of Westminster 21 (mullach); David Williams Picture Library 12, 16, (bonn).
Obair dealbhaidh le: Peadar Bull 6, 8, 10, 22-3, 24-5, 30, 33, 34; Chris Ryley 9, 14-5, 20, 25, 26, 32.
Taing don Phroifeasair Charles W J Withers airson a' mhapa air taobh-duilleig 6.

Bhrus

Contents

Alba: iomadh Cànan, aon Dùthaich

Rugadh Raibeart Brus air an 11 den Iuchar 1274 aig Caisteal Turnberry air cost Inbhir Air. B' e bu shine de theaghlach mòr. Bha e beò anns na Linntean Meadhanach. Bha Alba, aig an àm sin, glè *aocoltach* ris an-diugh agus bha iomadh cànan ann. Thigeadh Brus nan lùib na òige; Gàidhlig air taobh a mhàthar, Frangais-Normanach air taobh athar agus *Inglis* ann an ceann a deas Alba agus anns na bailtean.

eucoltach

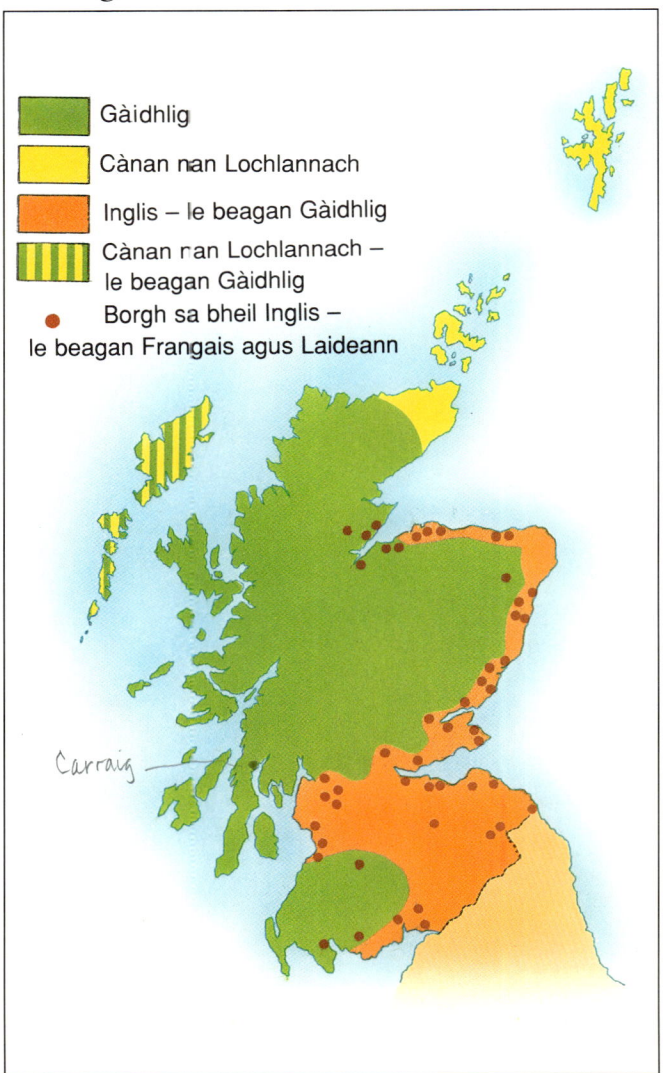

- Gàidhlig
- Cànan nan Lochlannach
- Inglis – le beagan Gàidhlig
- Cànan nan Lochlannach – le beagan Gàidhlig
- Borgh sa bheil Inglis – le beagan Frangais agus Laideann

Carraig

Gàidhlig

O àm Choinnich Mhic Alpainn, Rìgh Alba o 843 gu 860, bha cultar Ceilteach làidir ann an Alba agus a' sìor fhàs. Bha e air a stèidheachadh air a' chànan a bu chumanta, Gàidhlig, agus bha e a' dol cho fada sìos ri ceann a tuath Shasainn. Bha ceangal ann cuideachd ri Eirinn 's Eilean Mhanainn. Bha *bannan* teaghlaich cudromach do na treubhan Ceilteach anns na Linntean Meadhanach.

bonds

Inglis

Fhuair na Normanaich buaidh air Sasainn ann an 1066. Thug seo air cuid de na Sagsanaich teiche gu tuath. Chuidich seo iad gus *Inglis* a thoirt a cheann a deas Alba. Mean air mhean, o mu thimcheall air 1100, ghabh i àite na Gàidhlig mar chànan na Galldachd. Seo an-diugh an cànan ris an canar Albais; an t-ainm a bha aig luchd-labhairt *Inglis* air Gàidhlig anns na Linntean Meadhanach.

Frangais-Normanach

Mus tainig Daibhidh I gu bhith na Rìgh air Alba ann an 1124, thug e bliadhnaichean aig a' chùirt Anglo-Normanach agus air oighreachdan ann an Sasainn. Bha ùidh aige anns na beachdan ùra Normanach.

Tha am mapa seo a' sealltainn far an robh daoine a' labhairt nan cànan a bu chumanta mu 1300.

Dh'iarr Daibhidh air ridirean [knights]
Normanach a thighinn a dh'Alba.
Bha iad nan saighdearan matha
a chuidich e a' cumail smachd
air an rìoghachd. B' e seo
toiseach buaidh nan
Normanach ann an Alba.
Thug iad an cànan fhèin,
Frangais, a dh'Alba. Thug na
ridirean ùmhlachd [allegiance] is bòid [oath]
dìlseachd [faithfulness] don rìgh is gheall iad
sabaid dha nuair a bhiodh feum
orra. Thug an rìgh talamh dhaibh
mar dhuais.

San ath linn, bha Raibeart Brus eòlach
air dòigh-beatha Cheilteach 's
Normanach. Bha fios aige gun robh
bannan teaghlaich cudromach o a bhith
fàs suas ann an iarlachd Cheilteach an
teaghlaich ann an Carraig.

Daibhidh I agus ogha Calum IV, o
chùmhnant a' toirt fhearann do dh'Abaid
Chealsach ann an 1159. Bha cùmhnantan air
an sgrìobhadh ann an Laideann, cànan na
h-Eaglaise agus an riaghaltais.

Bha caistealan Motte is Bailey rim faighinn anns a' mhòr-chuid de
dh'àitichean air tìr mòr Alba, ach a-mhàin san iar thuath. Ann an
1305 thog teaghlach Normanach-Albannach an caisteal cloiche 's
am balla seo an àite an fhir fhiodh ann an Dubhais.

Bha e cuideachd na
thriath [nobles] Normanach
agus eòlach air
còmhrag [struggle] ridirean.
Bha a theaghlach cho
cumhachdach ri gin
ann an Alba no ann
an Sasainn.

Cleas teaghlach
Bhrus, bha mòran ann
an Alba aig an àm o
chaochladh chultaran.
B' urrainn Brus feum
a dhèanamh den
mheasgachadh [mixture] seo
airson dùthaich na bu
làidire a thogail nuair
a bha e na rìgh.

7

Rìoghachd aig Sìth

Bha sìth anns an dùthaich fo Rìgh Alasdair III nuair a bha Brus a' fàs suas. Thog a theaghlach caistealan mòra cloiche a' cur am beairteis 's an inbhe ann an Alba 's ann an Sasainn an cèill. Bha tòrr chàirdean 's ridirean aca a bha a' toirt ùmhlachd dhaibh airson an fhearainn a fhuair iad.

Bha naoinear às gach deichnear ann an sgìrean beaga tuathanais. B' e oighreachdan a bh' annta seo a dh'fhàs timcheall talla no caisteal uachdarain. Air cuid, bha suas ri fichead baile a' pàigheadh màil no bathar don uachdaran. B' e seo na siorrachdan no na baranachdan. Mar sin b' e baran a bh' air an uachdaran. Bha eaglais anns gach baranachd. Air a' Ghaidhealtachd, b' iad na cinn-feadhna na ceannardan.

Gu h-ìosal: oighreachd thuathanais a chìte gu tric timcheall air caisteal uachdarain.

Ridire ann an armachd

Sluagh

- Tha e air a thuairmse gun robh faisg air 1 mhillean duine ann an Alba ann an 1300.
- Bha faisg air 5 no 6 millean duine ann an Sasainn aig an àm seo.
- Bha co-dhiù 9 a-mach à 10 de dh'Albannaich a' fuireach ann an coimhearsneachdan beaga air an tuath.
- Bha leth an t-sluaigh a' fuireach tuath den loidhne eadar An Abhainn Chluaidh agus Jay.

Airgead

- Bha an aon luach aig airgead Albannach agus airgead Shasainn.
- Bha eadar 30 agus 45 millean de sgillinnean airgid air a chleachdadh ann an Alba.

Bha na tuathanaich anns gach baile a' roinn talamh-àitich air na cnuic airson eòrna, coirce agus beagan cruithneachd a chur. Bha crodh is caoraich aca agus bhiodh iad a' reic na clòimhe 's nan seicean. Cha robh fios aca ciamar a thraoghadh iad talamh còmhnard, fliuch ach uaireannan dhèanadh e feurach dhan chrodh.

Bha e daor na do ridire. Dh'fheumadh tu armachd agus eich. B' e saighdearan a bha anns na ridirean 's cha b' e tuathanaich. Bha an t-airgead aca a' tighinn o dhaoine a bha a' pàigheadh màil is chàinean airson a bhith a' briseadh an lagha. Bha an luchd-màil cuideachd ag obrachadh achannan (demesne) an ridire fhèin. Bha dùil gun dìonadh na ridirean an luchd-màil 's gun deigheadh iad a shabaid don rìgh.

Nuair a bha cogadh ann bha na fir nan saighdearan 's nam boghadairean ann am feachd an rìgh. Air a' Ghaidhealtachd agus san iar, bha an t-seirbheis seo uaireannan air a pàigheadh le birlinnean agus fir-ràmh an àite fir-each.

Malairt agus na Borghan

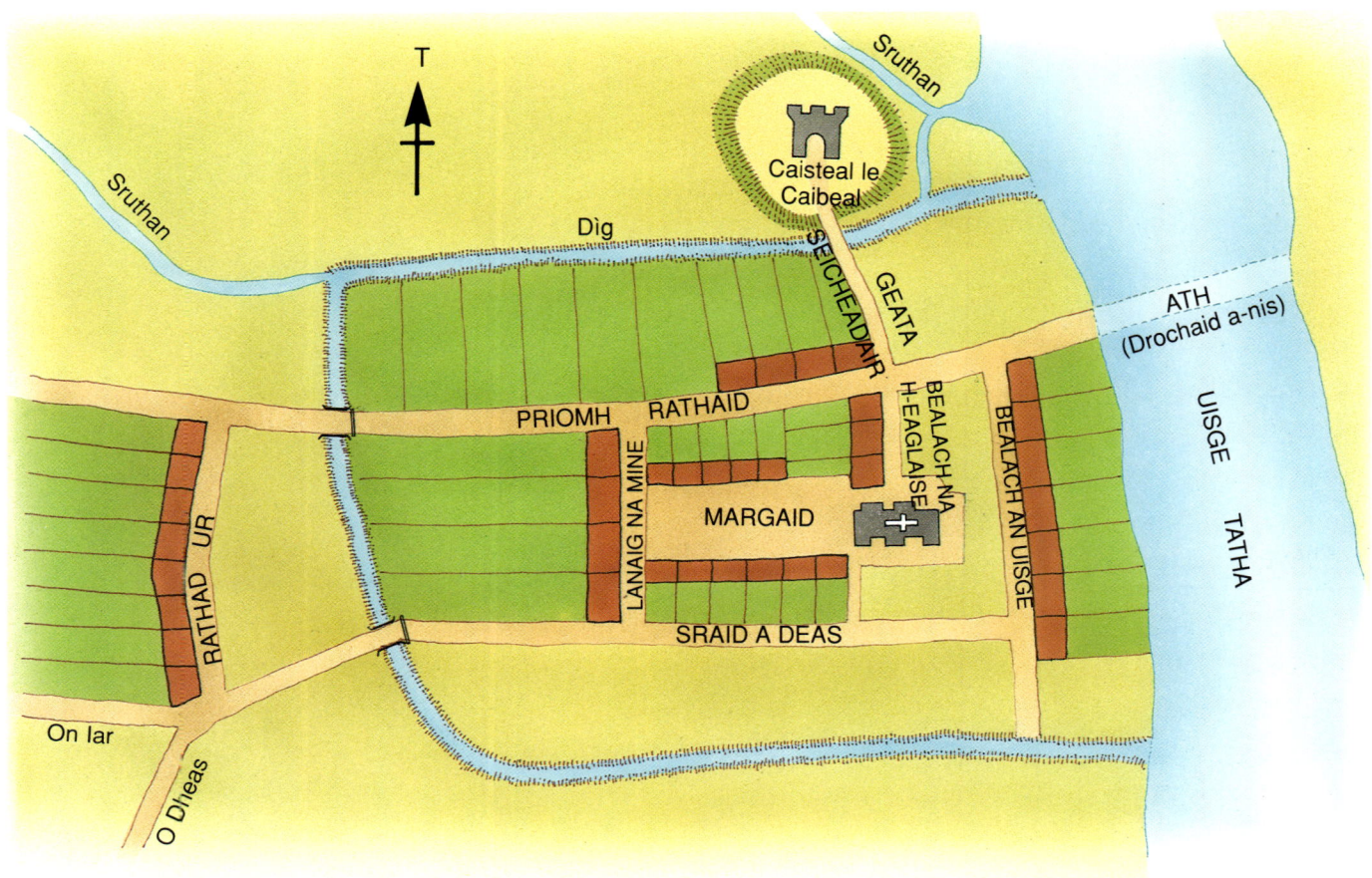

Handwritten annotations: Exchange/business, Villages

Labels on map: Sruthan, Sruthan, Dìg, Caisteal le Caibeal, SEICHEADAIR, GEATA, ATH (Drochaid a-nis), UISGE TATHA, PRIOMH RATHAID, BEALACH NA H-EAGLAISE, LANAIG NA MINE, MARGAID, BEALACH AN UISGE, RATHAD UR, SRAID A DEAS, On Iar, O Dheas

Plana de Bhaile an Naoimh Iain (Peairt an-diugh).

Stèidhich na rìghrean a' chiad bhorghan ann an Alba agus b' e borghan rìoghail a bh' orra. An dèidh sin, stèidhich barain borghan mu na caistealan aca. Theirte 'borghan baranachd' riutha. Bhiodh teaghlach nam Brus eòlach air mòran de bhorghan Alba. Stèidhich iad am borgh fhèin ann an Anainn.

Bha laghan nam borghan ag innse dè bha ceadaichte anns a' bhaile. Bha iomadh sochair aig daoine ann am baile. B' e borghan a-mhàin a dh'fhaodadh margaid agus fèill a chumail. Bha aig tuathanaich rin cinneas a reic sa bhaile aca fhèin. Bha

seo a' cumail phrìsean sìos do mhuinntir a' bhaile agus bha e na mhisneachd do luchd-ceàird is malairt fuireach ann am baile. Bha na h-uaislean a' togail chìs o luchd-malairt aig geata a' bhaile.

B' e àm soirbheachail a bh' ann an linn Alasdair III (1249-1286) do dh'Alba. Bha na bailtean agus an tuath an eisimeil a chèile.

Handwritten annotations: Said(?), growth, encourage, craftsmen, tax, prosperous, dependent

Bha muinntir a' bhaile a' faighinn rudan mar clòimh, seiceannan agus biadh on tuath. Bhiodh an luchd-ceàird anns na borghan a' dèanamh rudan mar brògan, diollaidean agus clò 's bha comainn anns na bailtean a bha a' cumail smachd air inbhe agus prìsean. Bha cumhachd mhòr aca agus bha na bùirdeasaich a bha gan ruith nam pàirt de riaghaltas an Rìgh.

Bha na borghan a bu chudromaiche air an taobh an ear, mar Obar Dheathain, gu tuath agus Bearaig gu deas.

Bha an cuid cheannaichean a' cur sheiceannan, clòimh agus fiodh don Roinn Eòrpa 's a Shasainn. B' e Bearaig, le 6000 duine a' fuireach ann, am baile a bu bheairtiche ann an Alba. Bha ceannaichean an sin a' reic clòimh mhìn o Abaidean nan Crìochan agus a' ceannach annas mar fìon is spìosraidh.

Bha na borghan beag, salach agus cunnartach. Bha an t-uisge a' tighinn o thobair agus bha sgudal air feadh an àite. Bhiodh na taighean tric a' dol nan teine agus dheigheadh baile na smàl glè luath.

Tha an dealbh seo a' sealltainn na tha air fhàgail de Chaisteal Rosbroig.

An Eaglais Albannach anns na Linntean Meadhanach

Rinn Alba math dà dhòigh adhraidh Chrìosdail a thoirt còmhla: an t-seann Eaglais Cheilteach agus an Eaglais Chaitligeach. Bha na bannan ris an Eaglais Chaitligich air fàs o thug Daibhidh I (1084-1153) luchd-eaglais Caitligeach don rìoghachd. Ri tìde, dh'fhàs dualchas Caitligeach cumanta. Ann an 1174 thug am Pàp, ceann na h-Eaglaise Caitligich, aithne do dh'Alba mar 'nighean shònraichte' leis an Ròimh. Thug seo iomadh ceangal cudromach ris an Roinn Eòrpa do luchd-eaglais Alba.

Thàinig Colum Cille a dh'Eilean I ann an 563. Bha an t-eilean na phrìomh ionad aig an Eaglais Cheiltich fad ceudan bhliadhnaichean. Bha a' chiad rìghrean Albannach air an tiodhlacadh ann an Rèilig Odhrain (Cladh nan Rìgh).

Thug am Pàp cuideachd aithne don Eaglais Cheiltich agus a naoimh, mar Colum Cille. Bha an Eaglais Cheilteach, no *Culdees* (Cille Deagh – seirbheisich Dhè), fhathast ann ri linn Bhrus. Bha buill den Eaglais Cheiltich tric nam misionairidhean agus bha am beatha glè shimplidh.

Thug Daibhidh I cùmhnantan do bhuidhnean creidimh. Mhisnich seo an Eaglais Chaitligeach gu fàs oir thug an Rìgh talamh agus cead dhaibh airson manachainnean agus abaidean. Bha iomadh buidheann ann ach bha sùil gum biodh na manaich uile ri ùrnaigh, sgrùdadh agus obair-làimhe. Dh'fhàs na h-abaidean beairteach a' ruith oighreachdan.

Deas: B' i Abaid Mhaol Rois tè cho beairteach 's a bha ann an Alba. Bha a' chlòimh aca a' dol a Rosbroig agus an uair sin a Bhearaig airson a cur a-null thairis.

Shìos: Chan eil ach tobhta Abaid Chealsach air fhàgail an-diugh den ionad chumhachd rìoghail a bha ann an Alba.

Mu an 13mh linn deug bha deich abaid thar fhichead ann an Alba, seachd àrd mhanachainn fichead, naoi cillean agus fichead taigh bhràithrean, a bharrachd air eaglaisean sgìreil air feadh na dùthcha.

Rinn an eaglais ceangal eadar sgìrean Alba agus eadar Alba agus an còrr den t-saoghal. Glè thric bhiodh mic òga nan uaislean ag obair san Eaglais. Bha Alasdair, bràthair Bhrus, air fear dhiubh. Bha easbaigean, luchd-riaghlaidh na h-eaglaise, cumhachdach. Bha iad nam pàirt de riaghaltas an Rìgh. Glè thric b' e fear-eaglais a bhiodh na Sheansaileir. Bha cùisean sgrìobhte agus laghail an rìgh an urra ris. Bha an Eaglais Albannach a' sabaid Shasainn gus nach gabhadh i thairis an eaglais agus an rìoghachd.

1286, Rìgh Alasdair III

B'e Alasdair III rìgh Alba o 1249 gu 1286. Bha e na rìgh làidir, agus ri linn bha Alba mar bu trice sìtheil, soirbheachail. Bha buaidh nan Ceilteach fhathast làidir. Bha ceangal math ri Sasainn, 's dòcha seach gum b' i piuthar Eideird I, Rìgh Shasainn, a bh' ann am bean Alasdair. Bha Eideard I air ionnsaigh a thoirt air Eirinn 's air a' Chuimrigh 's air an dèanamh mar roinnean de Shasainn ach bha coltas gun robh e na charaid do dh'Alba 's don Rìgh aice.

Bha cùisean math gus an do bhàsaich bean agus mic Alasdair aithghearr agus bha e a-nis, aig dà fhichead 's a còig, gun mhac a leanadh e. Phòs e a-rithist aig Abaid Jedburgh, far an deach a' bhanais a mhilleadh, a rèir cuid, le cnàimhnich a thàinig chun an dannsa. Bha cuid den bheachd gun robh seo na rabhadh air dè an trioblaid a bha ro Alba. Bha a dhara bean, Yolande à Dreux, òg agus brèagha.

Air an 12 den Mhàrt 1286 bha an rìgh ann an Caisteal Dhùn Eidinn a' gabhail a bhìdh còmhla ri thriathan. Bha stoirm

Thuirt Alasdair III ri Eideard I anns an Damhair 1278:

"Bidh mi umhail dhut airson na tha agam de thalamh ann an Sasainn ach cha bhi mi umhail dhut airson na tha agam de thalamh ann an Alba."

Nuair a chaidh ùmhlachd do dh'Alba iarraidh, thuirt e:

"Chan eil mise umhail ach do Dhia a-mhàin airson Alba."

---

ann agus bha e a' fàs anmoch. Smaoinich
e air a mhnaoi ann an Kinghorn, fichead
mìle air falbh air droch rathaidean agus
aiseag thar na h-Aibhne Duibhe. Chan
èisdeadh e ri comhairle na bha còmhla ris
agus dh'fheuch e dhachaigh anns an
stoirm. Fhuair e thar na h-aibhne
sàbhailte, ach chaill e a chompanaich san
dorchadas agus fhuaradh a chorp an ath
latha aig bonn bearraidh. *precipice* Bha Alba a-nis
gun rìgh. Dh'fheuch Eideard I ri smachd
fhaighinn air Alba, agus thòisich strì
eadar Alba is Sasainn a mhair còrr is ceud *lasted*
bliadhna.

15

An Rìoghachd gun Rìgh

Nuair a bhàsaich Alasdair III b' i Mairead, ogha dha, a bha gu bhith na bànrigh air Alba. Bha i òg agus a' fuireach còmhla ri a h-athair, Rìgh Nirribhidh. Bha Eideard I, Rìgh Shasainn, airson gum pòsadh i a mhac. Bheireadh seo dha smachd air Alba.

Ann an Alba bha cùisean mar bu dual. Thagh na h-uaislean agus luchd-eaglais sianar luchd-dìon a riaghladh an rìoghachd. Nochd an taghadh gun robh fios aig an luchd-dìon gun robh cunnart ann Alba a bhith gun rìgh. Bha cumhachd aig an t-sianar ann an iomadh sgìre den rìoghachd. Bha triùir a' toirt taic do theaghlach Bhrus aig an robh tagradh don rìgh-chathair, agus triùir do Bhaliol 's do Chomyn aig an robh tagradh làidir. Chùm seo an dà theaghlach ag obair airson na dùthcha.

B' ann an 1290 a thog Mairead Nirribhidh oirre a dh'Alba. Ach dh'fhàs i tinn agus bhàsaich i ann an Arcaibh. Bha Alba a-nis gun oighre le còir dhìrich agus bha Eideard I duilich. Bha trì triathan deug a-nis a' tagradh airson na rìgh-chathrach. Chaidh triathan Alba gu Eideard I airson an cuideachadh a' taghadh.

Gu h-àrd: Cha robh luchd-gleidhidh Alba a' cleachdadh seula rìgh. Bha an seula aca a' sealltainn an Naoimh Anndra, naomh taic Alba.

Aig Caisteal Norham ann an 1291, dhiùlt na h-Albannaich gabhail ri Eideard I mar uachdaran air Rìgh Alba.

16

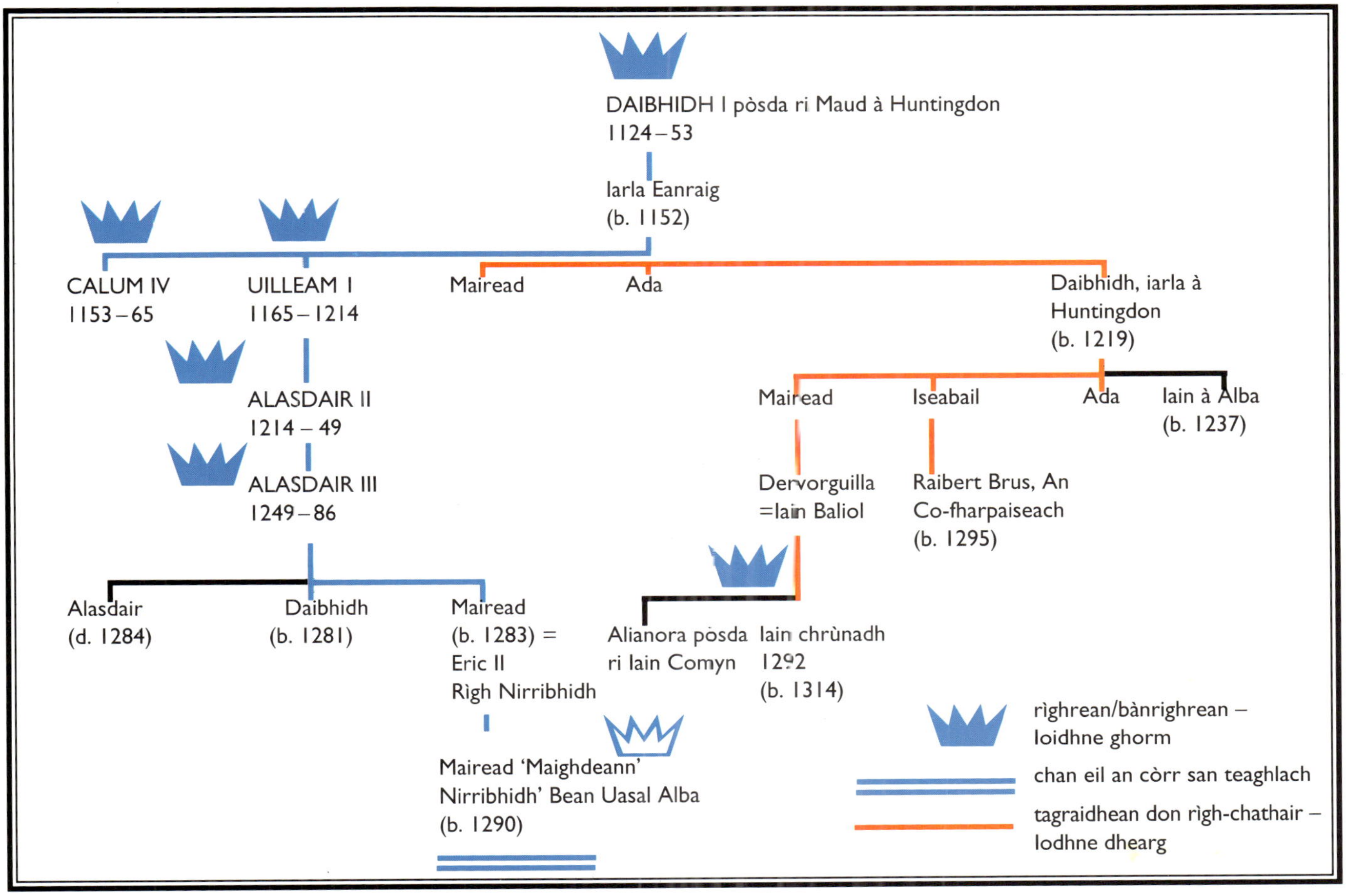

DAIBHIDH I pòsda ri Maud à Huntingdon
1124–53

Iarla Eanraig
(b. 1152)

CALUM IV
1153–65

UILLEAM I
1165–1214

Mairead

Ada

Daibhidh, iarla à
Huntingdon
(b. 1219)

ALASDAIR II
1214–49

Mairead

Iseabail

Ada

Iain à Alba
(b. 1237)

ALASDAIR III
1249–86

Dervorguilla
=Iain Baliol

Raibert Brus, An
Co-fharpaiseach
(b. 1295)

Alasdair
(d. 1284)

Daibhidh
(b. 1281)

Mairead
(b. 1283) =
Eric II
Rìgh Nirribhidh

Alianora pòsda
ri Iain Comyn

Iain chrùnadh
1292
(b. 1314)

Mairead 'Maighdeann'
Nirribhidh' Bean Uasal Alba
(b. 1290)

rìghrean/bànrighrean –
loidhne ghorm

chan eil an còrr san teaghlach

tagraidhean don rìgh-chathair –
lodhne dhearg

Rinn iad soilleir do dh'Eideard ann an litrichean gur e rìoghachd neo-eisimeileach a bh' ann an Alba. Thug Eideard leis arm gu na Crìochan nuair a thàinig e a thoirt breith air 'An Adhbhar Mhòr'.

Bha an tagradh a b' fheàrr aig dithis uaislean à Alba. B' e seanair Raibeirt Bhrus, air an robh an Co-fharpaiseach, aon dhiubh, agus Iain Baliol, ceann teaghlach Bhaliol-Comyn am fear eile. Mus dèanadh Eideard taghadh, dh'fheumadh an dithis fhireannach aontachadh gun deigheadh iad le breith. Thagh Eideard Iain Baliol. Chrùnadh e deireadh na Samhna 1292 agus thug e ùmhlachd do dh'Eideard aig an Nollaig sa Chaisteal Nuadh.

An Rìgh Iain Baliol a' toirt ùmhlachd do dh'Eideard I Shasainn.

Rìgh Gaisgeil Shasainn

Bha Eideard I gleusda agus a' cleachdadh an lagha gu mhath fhèin ach bha e na dheagh chomanndair airm. Bha e air a' chùis a dhèanamh air na Cuimrich agus chùm e iad fo smachd le bhith a' togail chaistealan mòra cloiche. Bha an t-arm aige a' riaghladh Na Cuimrigh annta.

Bha arm cumhachdach aig Eideard le eachraidh, fir-bhogha agus saighdearan coise. Bha uaislean agus ridirean Sasannach len luchd-armachd fhèin air eich mhòra rin canar destriers. Cha robh mòran eich mhòra cogaidh aig Alba.

Bhiodh còmhdach iarainn air na ridirean airson iad fhèin a dhìon. Bha seo air a chòmhdachadh le casaig a' sealltainn suaicheantas an teaghlaich. B' e sleagh fhada agus cuaille no tuagh catha a bha aca airson dlùth chòmhraig. Nan deigheadh an glacadh ann an cath, bha iad a' sùileachadh gun deigheadh coimhead riutha, èirig a phàigheadh agus an saoradh. B' iad na ridirean a bu chudromaiche den arm.

Ann an Alba bhiodh na saighdearan coise a' sabaid dhan rìgh nan iarradh e orra. Bha clogad aig gach duine, còta tiugh a dhìonadh e o shaighdean, agus miotagan iarainn a chumadh sleagh 3.6m de dh'fhaid.

Mu choinneimh: Na h-Albannaich a' toirt ionnsaigh air Caisteal Eideird I ann an Carlisle.

Clì: Crùnadh Rìgh Shasainn, Eideard I, ann an 1272.

18

Bha claidheamh aige agus tuagh no biodag airson dlùth chòmhraig agus sgiath de sheice. Bha boghadairean aig an dà rìoghachd ach bha bogha fada nan Sasannach na bu treasa.

Nuair a chrùnadh Iain Baliol bha Alba air a bhith sìtheil airson faisg air deich bliadhna fichead 's cha robh an rìoghachd deiseil airson cogadh. Bha fearainn aig mòran uaislean an Alba 's ann an Sasainn. Bha e doirbh fios a bhith agad cò dha a bhiodh tu dìleas nuair a nochd Eideard gun robh e airson Alba a bhith mar phàirt de rìoghachd.

Bha e doirbh do na Brusaich gabhail ri Baliol mar rìgh 's iad an dòchas gum biodh cuideigin aca fhèin fhathast na Rìgh air Alba. Bha deagh bheachd aca air Eideard I, a bha air a bhith math dhaibh 's a thug caistealan cudromach dhaibh airson coimhead riutha.

An Rìgh Iain Baliol argus Creach Bhearaig

Dh'fheuch Eideard I, mar Ard Thriath Alba, ri toirt air Rìgh Iain a thoil a dhèanamh. Bha e a' dèiligeadh ris an rìgh mar fhear de na h-uaislean agus ri Alba mar gum b' e pàirt de Shasainn a bh' ann.

Cha robh Iain ag obair leis fhèin fad nan trì bliadhna a bha e na rìgh. Bha luchd-eaglais ag obair còmhla ris airson còraichean Alba mar rìoghachd neo-eisimileach a dhìon. Bha tòrr de thriathan na Pàrlamaid a' toirt taic dha.

Nuair a chaidh Eideard a chogadh ris an Fhraing ann an 1294 chuir e fios a dh'Alba ag iarraidh air an rìgh, na h-iarlan 's na barain an daoine a thoirt dhan Fhraing a shabaid dha. Dhiùlt muinntir Alba a dhol ann ach bha fios aca cho cunnartach 's a bha seo. Rinn iad caidreamhas (aonta a chèile a chuideachadh) ris an Fhraing agus dh'iarr Rìgh Iain air an arm aige cruinneachadh faisg air crìoch Shasainn anns a' Mhàrt 1296.

Sgrios Eideard I Bearaig ach an gabhadh Alba ri riaghladh.

Pheanasaich Eideard Alba airson a dhol na aghaidh le ionnsaigh a thoirt air a' bhaile a bu bheairtiche aca, Bearaig. Bha a shaighdearan a' murt, a' goid 's a' marbhadh sa bhaile fad trì latha. Mharbh iad luchd-malairt à tìrean cèin agus dh'iarr Eideard an cuirp fhàgail a' lobhadh air na sràidean. Ghabh daoine san Roinn Eòrpa uabhas. Fhuair arm Shasainn a' bhuaidh ann an seachd latha deug.

Rinn Eideard àite dha fhèin ann am Bearaig agus chuir e Iarla Shurrey a riaghladh Alba. Chùm e fhèin air gu tuath a' togail leis phàipearan riaghaltais, seudan a' Chrùin, nithean creideimh mar Crois Dhubh an Naoimh Mairead is clach a' chrùnaidh (Lia Fàil) à Sgàin. San Iuchar, aig Caisteal Mhontròis, chaidh a' chasag (leis an t-suaicheantas rìoghail), a churrac agus crios an ridire a thoirt far Rìgh Iain. B' e seo am peanas airson ridirean a rinn brathadh, cha b' ann airson rìgh aig nach robh a' bhuaidh. Seo mar a fhuair Iain Baliol an t-ainm 'Toom Tabard' no seacaid fhalamh. Leig Iain an crùn seachad.

Bha aig daoine aig an robh fearann ri dhol a Bhearaig a thoirt ùmhlachd do dh'Eideard ma bha iad airson am fearann a chumail. San Lunasdal, gheall 1,500 dhiubh dìlseachd do rìgh Shasainn. B' e seo an 'Ragman Roll'. Bha Alba a-nis gun rìgh agus bha mòran chaistealan cudromach aig saighdearan Shasainn ann an Alba.

Deas: Cathair a' Chrùnaidh ann an Abaid Westminster. Tha Lia Fàil fhathast na h-àite fon rìgh-chathair seo.

Shìos: Len ainm a chur ris an Ragman Roll, gheall 1,500 de dh'uachdarain Albannach a bhith dìleas do dh'Eideard I.

Uilleam Uallas agus Anndra Moireach

Nuair a thill Eideard I a Shasainn, chaidh na h-Albannaich an aghaidh nan daoine a dh'fhàg e gan riaghladh. Cha robh uaislean agus luchd-eaglais a' sabaid Eideird gu follaiseach, ach bha iad na aghaidh air feadh na dùthcha. Ann an 1297 sgrìobh Cressingham, fear-cìse Eideird an Alba, a Lunnainn a' gearan nach pàigheadh na h-Albannaich cìsean:

> 'Chan urrainn gin de shiorraidhean, bàillidhean no oifigich an Triath Rìgh anns an rìoghachd ud sgillinn de theachd a-steach am bàillidhneachdan a thogail, air sgàth 's na tha romhpa de chunnartan gach latha.'

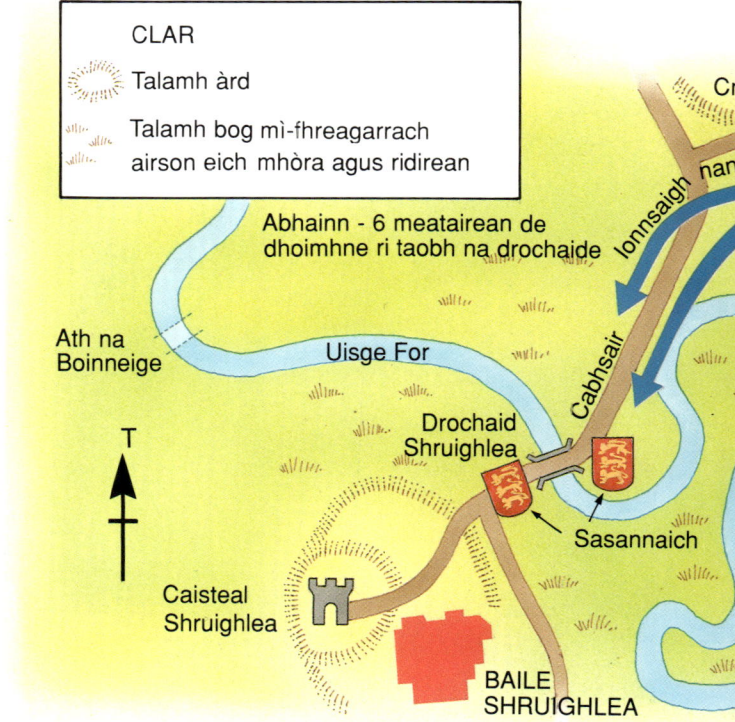

CLAR

Talamh àrd

Talamh bog mì-fhreagarrach airson eich mhòra agus ridirean

Abhainn - 6 meatairean de dhoimhne ri taobh na drochaide

Ionnsaigh nan

Cn

Ath na Boinneige

Uisge For

Cabhsair

Drochaid Shruighlea

Sasannaich

Caisteal Shruighlea

BAILE SHRUIGHLEA

Blàr Drochaid Shruighlea, 1297.

Bha dithis dhaoine òga air ceann an ar-a-mach ann an Alba: Anndra Moireach, mac barain à Peitidh aig tuath, agus Uilleam Uallas, an dara mac aig ridire à Elderside, faisg air Pàislig, aig deas. Thainig an dithis aca còmhla san Lùnasdal. Dh'fhalbh arm math, eòlach Sasannach le deagh armachd a Shruighlea airson ar-a-mach nan Albannach a chur sìos.

Tha càrn Uallas aig Abaid Chràig, far an do dh'òrdaich Uallas Blàr Drochaid Shruighlea. Anns na 1860an thug muinntir Alba urram don gaisgeach le seo a thogail.

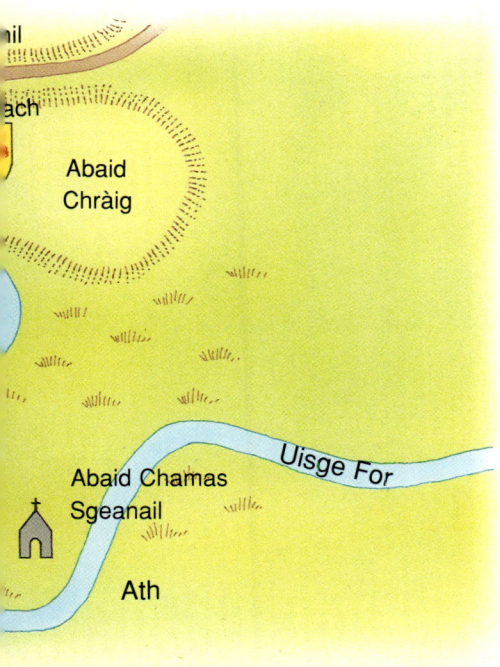

Abaid
Chràig

Uisge For

Abaid Chamas
Sgeanail

Ath

Peantadh de Bhlàr Dhrochaid
Shruighlea, le Uilleam Hole.

Blàr Drochaid Shruighlea
11 An t-Sultain 1297

Choinnich an dà arm air taobh fa leth den
Abhainn Dhuibh. Bha Caisteal Shruighlea aig
Sasainn. Cha robh mòran de dh'uaislean Alba
airson sabaid còmhla rin luchd dùthcha. Bha na
Sasannaich cinnteach asda fhèin, ach cha
ghèilleadh Uallas.
Thuirt e:

'. . . chan ann airson sìth a dhèanamh a tha sinn
an seo ach airson sinn fhìn a dhìon agus ar
rìoghachd a shaoradh.'

Bha àite math aig na h-Albannaich. Bha aig na
Sasannaich ri dhol tarsainn na h-aibhne airson an
ruigheachd. Bha na Sasannaich a' deasbad ciamar
a chuireadh iad an cath. Thuirt Cressingham:

'Na caithibh an còrr airgid no tìde air an Rìgh.
Theirigibh tarsainn na h-aibhne an-dràsda air an
drochaid.'

Thuirt ridire Sasannach:

'Cuiribh arm ridirean agus dhaoine a dhìon an àth.
Thoiribh ionnsaigh air na h-Albannaich on cùl agus
gheibh an còrr den arm a-null air an drochaid.'

Roghnaich Iarla Surrey a dhol tarsainn air an
drochaid chumhaing fhiodh. Chaidh na ridirean
air eich a-null an toiseach. Thug na h-Albannaich
ionnsaigh orra gun fhiosda. Cha b' urrainn do
na ridirean gluasad agus bha an drochaid làn le
daoine agus eich. Bhàthadh tòrr shaighdearan
a' feuchainn ri teiche. Chaill na Sasannaich am
blàr.

Sgrìobh Uallas agus am Moireach gu
ceannaichean Gearmailteach a ràdh gun robh e
a-nis sàbhailte tadhal air puirt Alba a-rithist:

'oir bha an rìoghachd, le buidheachas do Dhia, air a
saoradh le cogadh o chumhachd nan Sasannach.

Uallas a' Call

Thug a' bhuaidh aig Drochaid Shruighlea dòchas do na h-Albannaich. Chaidh Uallas agus am Moireach a chur nan luchd-dìon air Alba. B' e urram mòr a bha seo do Uallas. Chaidh a dhèanamh na ridire mun àm seo ach cha robh an inbhe aige a bh' aig na h-uaislean 's aig na h-uachdarain. Bha e mar sin doirbh do chuid de theaghlaichean uasal gabhail ris. Co-dhiù, riaghail e fhèin 's am Moireach Alba le cuideachadh on eaglais 's o chuid de na h-uaislean. Bhàsaich am Moireach beagan mhìosan an dèidh sin agus b' e Uallas an aon fhear-gleidhidh a bh' air Alba.

Bha Eideard I a' sìor fhàs gràineach air na h-Albannaich 's air Uallas gu h-àraidh. Chruinnich e arm mòr 4,000 fear-each agus 25,000 de shaighdearan coise, cuid dhan aindeoin às a' Chuimrigh.

Gu h-àrd: 'Bàs agus Buaidh'. Bha Uallas a' toirt misneachd do na h-Albannaich agus do Raibeart Brus sabaid airson saorsa, fiù 's an dèidh a bhàis.

Deas: Bha Blàr na h-Eaglaise Brice na chall do dh'Alba. Bha armachd na b' fheàrr aig na Sasannaich agus chuidich seo iad a' toirt buaidh.

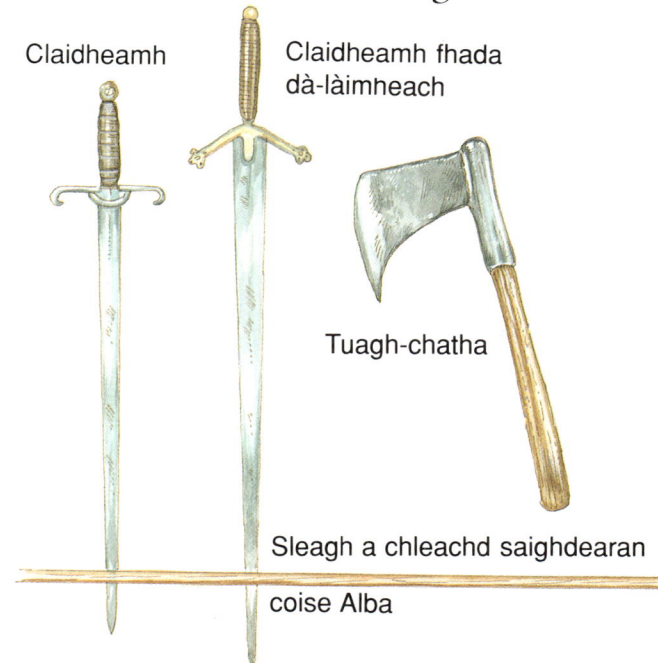

Claidheamh

Claidheamh fhada dà-làimheach

Tuagh-chatha

Sleagh a chleachd saighdearan coise Alba

Bha schiltrom air a chleachdadh na dhìon an aghaidh ridirean air eich.

Ann an 1298 choinnich airm Alba agus Shasainn san Eaglais Bhric. Chuir boghadairean Shasainn fras shaighead a mheasg nan schiltrom mall Albannach agus rinn iad a' chùis orra. Thug a luchd-taic air Uallas teiche agus fhuair e às. Leig e seachad an obair-gleidhidh ach chùm e air a' cur an aghaidh Shasainn.

Bha tòrr de na triathan a bha a' sabaid fo Uallas a' toirt ùmhlachd do dh'Eideard. Bha mac peathar Bhaliol, agus Raibeart Brus, ogha do Bhrus an Co-fharpaiseach nam measg.

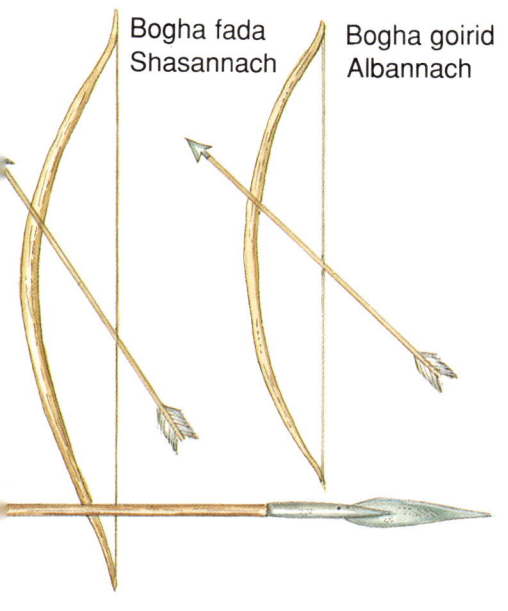

Bogha fada
Shasannach

Bogha goirid
Albannach

Eadar 1298 agus 1304 thug Eideard feachdan a dh'Alba a shealltainn cho làidir 's a bha e. Chuir e caistealan a bha fhathast aig na h-Albannaich fo shèisd. Dhiùlt e fiù 's gabhail ri gèilleadh Chaisteal Shruighlea gus am faigheadh an t-inneal sèisde a b' ùire aige latha no dhà airson sealltainn dè am milleadh a dhèanadh e.

Dh'fhan Uallas dìleas do Rìgh Iain. Ged a bha tòrr cumhachd aig Eideard cha do ghlac e Uallas gu 1305. Chaidh a chur a Lunnainn agus fheuchainn airson brathadh. Cha robh Uallas a' tuigsinn ciamar a dheigheadh aca air brathadh a chur às a leth 's a rìoghachd a' cogadh ri Sasainn 's nach tug e riamh ùmhlachd do dh'Eideard. Ach fhuaradh ciontach e. Shlaod iad tro na sràidean e, chroch iad e 's leag iad beò e, phian iad e 's thug iad an ceann dheth. Gheàrr iad a chorp na cheithir pìosan agus chuir iad na pìosan air ais a dh'Alba airson eagal a chur air daoine.

Murt: ceum chun na Rìgh-chathrach

Ann an 1306 bha Alba air a bhith a' cogadh ri Sasainn deich bliadhna. Thug mòran thriathan 's luchd-eaglais bòid ùmhlachd do dh'Eideard seach am fearainn 's am beatha a chall. Bha dùil aig Rìgh Shasainn gun robh e air a' bhuaidh fhaighinn air Alba mu dheireadh. Cha do thuig e cho mòr 's a bha na daoine ag iarraidh a bhith saor.

Bha uaislean den aon bheachd. Bha aon dhiubh air sabaid còmhla ri Uallas, air ùmhlachd a thoirt do dh'Eideard agus air ionnsachadh. B' esan Raibeart Brus, Iarla Charraig agus Triath Srath Anainn. B' ann aige a bha còir a theaghlaich air an rìgh-chathair agus bha e airson a bhith na rìgh, cleas a sheanar. Bha e an dùil gun èireadh na daoine a-rithist nam biodh rìgh làidir aca agus bha e deiseil air a shon.

Air an 10mh den Ghearran 1306 bha cùirt lagha aig na Sasannaich ann an caisteal Dhùn Phris. Choinnich dithis de na daoine òga bu chumhachdaiche ann an Alba ann an Eaglais nam Manach Liath.

Bha Iain Comyn, à Bàideanach, dìleas dha rìoghachd agus b' e bràthair athar a bh' ann an Iain Baliol, an rìgh mu dheireadh. Bha e air ceann buidheann uaislean 's luchd-eaglais. Tha luchd-eòlais den bheachd gun do dh'iarr Brus a' choinneamh airson taic fhaighinn o Chomyn ann an ar-a-mach an aghaidh Shasainn. Bha Brus 's Easbaig Lamberton ag obair còmhla gu dìomhair ach bha fios aca gum feumadh iad taic nan Comyn.

Cha robh earbsa idir eadar Brus agus Comyn 's cha bu toigh leotha a chèile. Bha an dithis bras nan nàdar agus thòisich iad a' còmhstri aig altair na h-eaglaise. Chan eil fios ciamar a thòisich an deasbad ach b' e bhun a bh' ann gun do mharbh Brus Comyn.

Abaid Sgàin air Beinn Mhoot

Chuir am murt uabhas air daoine. Thuirt Eideard I gur e brathadh a bh' ann agus chaidh e na mhàl a' lorg Bhrus. Bha muinntir Chomyn 's an caraidean nan nàimhdean do Bhrus a-nis. Thuirt an Eaglais Chaitligeach gur e aircealladh a bh' ann agus chaill Brus ballrachd san eaglais. Thug Easbaig Wishart à Glaschu maitheanas do Bhrus 's chuir Brus roimhe a dhol a chogadh gu luath. Dh'iarr Wishart air daoine taic a thoirt do Bhrus 's rinn e trusgain a' chrùnaidh. Chaidh Brus 's a luchd-taic a Pheairt, 's bha Brus air a chrùnadh goirid an dèidh sin aig Abaid Sgàin mar Raibeart I.

Brus agus a luchd-taic, air an dòigh an dèidh a' chrùnaidh.

27

Brus air Call 's e gun Dòchas

Cha robh earbsa no taic dhaoine aig Brus nuair a chaidh a chrùnadh. Bha iad den bheachd gun robh e dàn. Sgar murt Chomyn an rìoghachd. Ciamar a dhèanadh e a' chùis air an rìgh bu treasa san t-saoghal nuair nach do rinn duine eile? Chuir Eideard I arm gu tuath 'a losgadh, a mharbhadh 's a thogail na brataich aige.' Chaidh cur às don arm bheag aige le eachraidh làidir à Sasainn aig Meithinnidh, faisg air Peairt san Og-mhìos 1306.

Chuir Brus a bhànrigh, a nighean agus mnathan rìoghail eile gu Caisteal Chinn Droma, an caisteal bu làidire ann an Alba. Thog e fhèin 's beagan charaidean orra dha na beanntan. A dh'aindeoin deagh oidhirp, cha do rug Eideard air Brus ach

> "Nam fògarraich bha iad iomadh latha air feadh nam beann, gun chàil ach uisge is feòil . . .
> Na beanntan shiubhail e
> Gus an robh na fir na chuideachd claoidht is leòint. Gun bhròg gun robh iad ach le seice mun cois."
>
> *Am Brus* le
> Iain Barbour 1385

rinn e dìol air a theaghlach. Rugadh air na mnathan a theich à Cinn Droma aig Caibeal an Naoimh Duthach ann am Baile Dhuthaich, far an robh iad an dùil a bhith sàbhailte. Chaidh bean Bhrus 's a nighean a chur an grèim ann an cillean an dèidh dha nighean greis a chur seachad ann an cèidse ann an Tùr Lunnainn. Chaidh Nigel, a bhràthair, a chur gu bàs. Chaidh Màiri, a phiuthar, agus Ban-iarla Bhuchainn, a chrùn Brus, a chumail ann an cèidsichean taobh a-muigh chaistealan Bhearaig is Rosbroig.

B' e Caisteal Chinn Droma a bu treasa sa cheann a tuath.

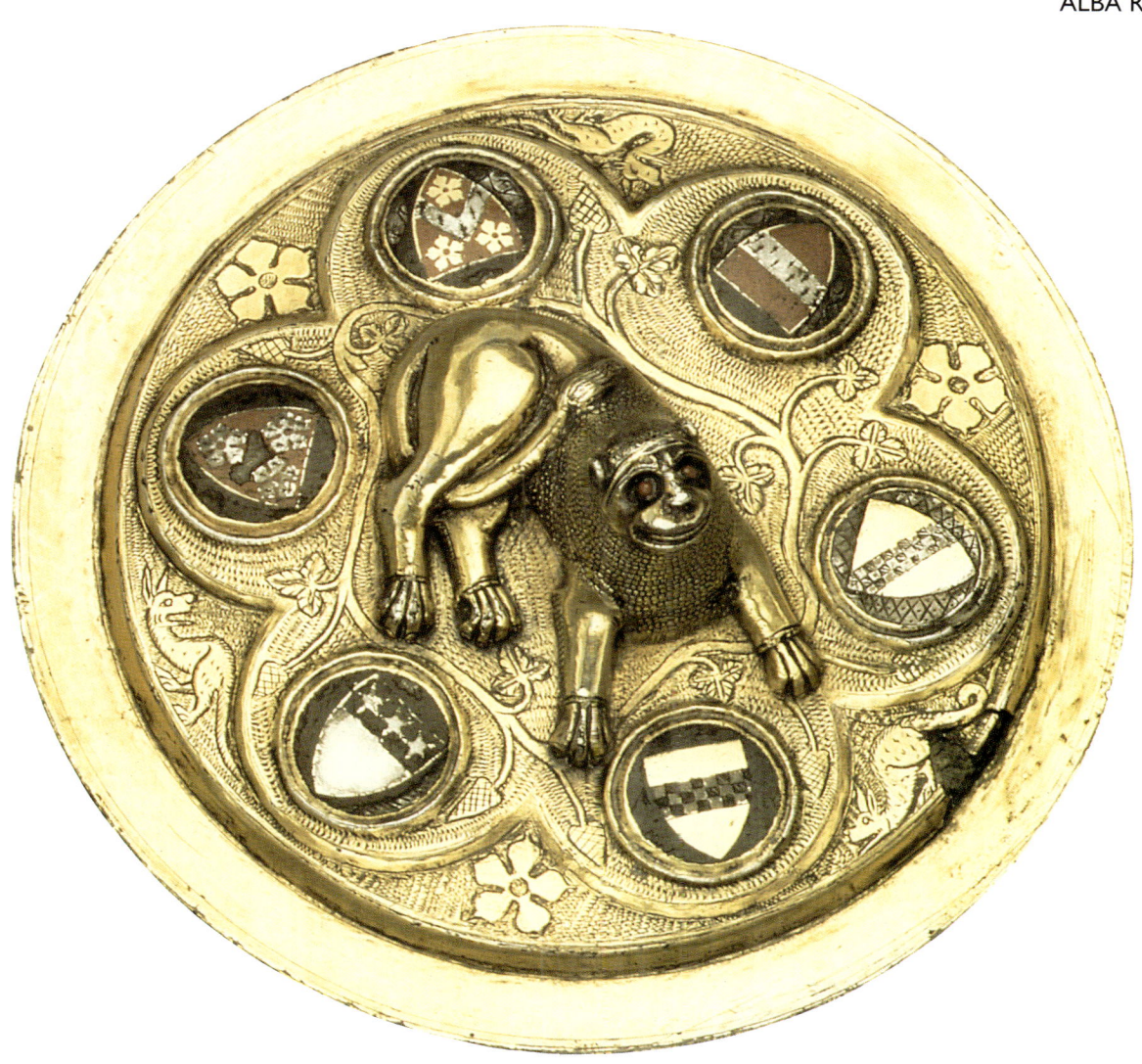

Canar gu bheil an leòmhann air a chuartachadh le sgiathan air bonn
a' chùirn seo a' riochdachadh Bhrus le luchd-taic timcheall air.

Chaidh dithis bhràithrean eile, Tòmas agus Alasdair a chur gu bàs. Chaidh Wishart agus Lamberton dhan phrìosan.

Anns a' gheamhradh 1306 dh'fhuirich Brus air an taobh an iar còmhla ri càirdean Ceilteach agus caraidean mar Cairistiona NicRuairidh à Garbh Mhorbhairne agus Aonghas Og Dòmhnallach à Ile. Nuair a fhuair e fios air mar a thachair dha theaghlach, chan eil rian nach do shaoil e gur dòcha nach b' fhiach an crùn na bha e a' cosg dhaibh fhèin 's dha charaidean.

'S dòcha gur ann mun àm seo a fhuair Brus misneachd on damhan-allaidh. Sia tursan chunnaic e an damhan-allaidh a' feuchainn ri snàithlean fhaighinn o aon àite gu àite eile agus a' fàilligeadh. Thuirt e, "Dh'fhàillig mise sia tursan ann am batail. Ma dh'fheuchas an damhan-allaidh aon uair eile 's gun dèan e a' chùis, feuchaidh mise." Dh'fheuch an damhan-allaidh a-rithist agus rinn e a' chùis. Thòisich Brus a' dèanamh phlanaichean.

Cogadh Sìobhalta

Le cuideachadh o charaidean Ceilteach, chuir Brus air dòigh a dhol air tìr ann an Carraig. Thug birlinnean Gaidhealach fir agus solar à Eirinn.

'S e cogadh eadar-dhealaichte a a bhiodh ann. Cha bhiodh iad a' cuartachadh chaistealan 's cha bhiodh blàran eachraidh ann. 'S e 'blàr dìomhair' a bhiodh ann. Bha aig na saighdearan ri ionnsaighean gun fhiosda a thoirt air cairtean bìdh nan caisteal agus am bàrr a mhilleadh. Nan tigeadh arm mòr nan aghaidh bha aca ri tilleadh dhan choille.

Nuair a ghlacadh iad caisteal bha ri cur às dha gus nach deigheadh a chleachdadh tuilleadh an aghaidh Alba. Chanamaid cogadh guerilla ris an-diugh.

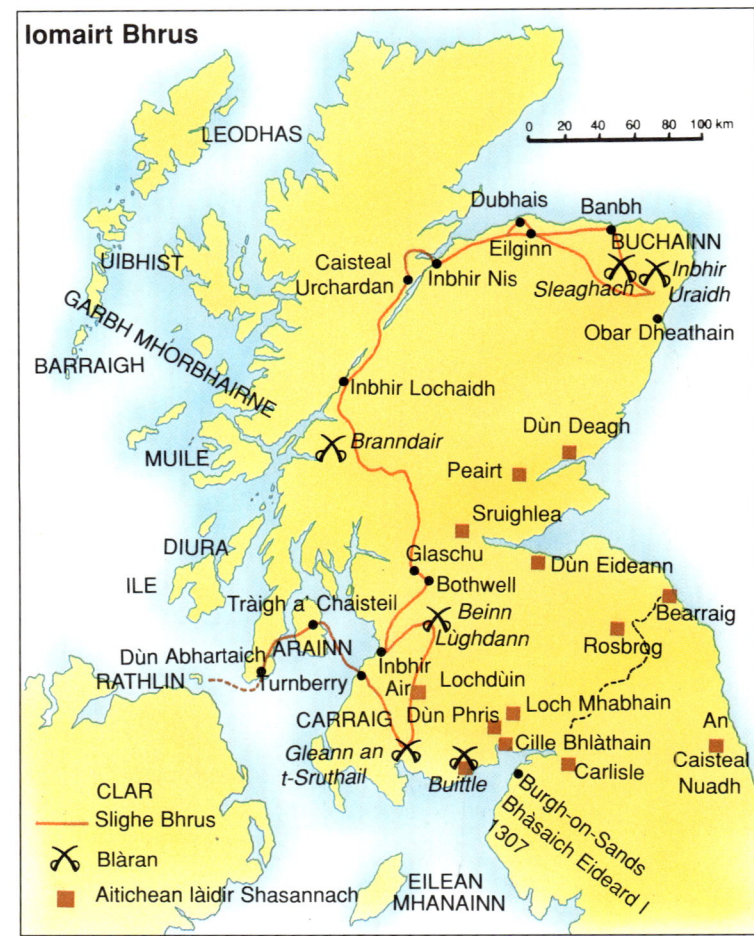

Iomairt Bhrus

Ann an seachdain no dhà thug Brus ionnsaigh gun fhiosd air eachraidh ann an Gleann an t-Sruthail agus dh'fhosgail e slighe gu tuath. Aig Beinn Lughdan, faisg air Cill Mhearnaig chuir e an teiche air Aylmer de Valance, saighdear eòlach, 's rinn e a' chùis air Iarla Ghloucester agus arm.

Clì: Clach Bhrus, Gleann an t-Sruthail. Bha na bha deònach taic a thoirt dha a' neartachadh a riaghlaidh a dh'aindeoin a ' pheanais uabhasaich a bh' ann do dh'Albannaich nan toireadh iad taic do Rìgh Raibeart.

Goirid an dèidh call aig Gleann an t-Sruthail, (gu h-àrd), sgrìobh triath Albannach a bh' air taobh Shasainn, 'Gun deònaicheadh Dia beatha Rìgh Eideird a ghleidheadh, oir tha daoine ag ràdh gu follaiseach gum bi a' bhuaidh aig Brus an latha nach bi e ann.'

Air an t-7mh den Iuchar 1307 dh'eug Eideard I air a rathad gu tuath. Bha e airson gun cumadh an t-arm a' dol le chnàmhan gun deigheadh Brus a chur fodha, ach thill a mhac, a-nis Eideard II, air ais a Lunnainn. Rinn seo feum do Bhrus. Thug e ionnsaigh air muinntir Chomyn taobh Obar Dheathain agus Mhoireibh. Thug e buaidh orra agus mhill e am fearainn gus nach biodh iad gu bràth nan cunnart do Bhrus.

An uair sin chaidh an t-arm gu Clann Dùghaill Earra-Ghaidheil a bha a' toirt taic do mhuinntir Chomyn agus a bha an aghaidh luchd-taic Bhrus air a' Ghaidhealtachd. Air a' chnoc, os cionn Bealach a' Bhranndair, bha fear òg, Seumas Dùbhghlas, air ceann buidhne a rinn a' chùis air Clann Dùghaill agus a thug air an ceannardan tilleadh gu cùirt Eideird II.

Cha tug Eideard, an aon bhràthair a bh' air fhàgail aig Brus, fada a' cur Ghallaibh fo smachd. Bha na Brusaich air cur às don nàimhdean agus bha an cogadh sìobhalta seachad. Ghairm Rìgh Raibeart pàrlamaid ann an 1309. Ann an dà bhliadhna bha e air taic fhaighinn dha fhèin air sgàth cho soirbheachail agus cho iochdmhor 's a bha e ri mòran a chleachd a bhith na aghaidh.

A' Saoradh nan Caistealan

Fo stiùireadh mhath Bhrus, thòisich Alba a' briseadh smachd Shasainn. Shaor iad caistealan 's chuir iad às dhaibh. Bha e doirbh dha na h-Albannaich ionnsaigh a thoirt air caistealan cloiche gun inneal sèisde. Dh'fheuch iad iomadh dòigh agus bhrosnaich Brus iad gu bhith dàna, calma.

Airson Caisteal Pheairt a ghlacadh chaidh Brus tro uisge na claise le fàradh ròpa 's dubhan greimeachaidh air a dhruim. B' e fear den chiad fheadhainn a dhìrich am balla.

Aig Caisteal Ghleann Iucha stad fear, Uilleam Binnock, cairt feòir fon drochaid-thogalaich agus leig e na h-eich mu sgaoil. Ruith saighdearan, a bha am falach, a-steach agus ghlac iad an caisteal.

Shaor Seumas Dùbhghlas Caisteal Rosbroig. San dorchadas chuir na daoine orra cleòcaichean dubha 's iad, mas fhìor, nan crodh agus ràinig iad na ballaichean gun an luchd-dìon am faicinn.

Ghlac Tòmas Randolph, caraid Dhùbhghlais, Caisteal Dhùn Eidinn nuair a threòraich fear às a' bhaile iad suas na bearraidhean casa. Bha an duine eòlach ann o bhith a' suirghe gun fhiosda.

Bha Brus airson smachd a bhith aige air Cuan Eirinn airson malairt bìdh agus armachd. Fhuair e cabhlach mòr bhirlinn, ghlac e Caisteal Ruisean agus fhuair e Eilean Mhanainn air ais.

Airson sèisde Chaisteal Shruighlea a sgur, thàinig Eideard Brus gu aonta ris an fhear-riaghlaidh, Philip Mowbray. Mura saoradh na Sasannaich an caisteal ro Latha Fèill Eòin 1314, bheireadh Mowbray dha na h-Albannaich e. Bha Eideard Brus toilichte ach bha a bhràthair, an rìgh, fiadhaich. Thigeadh air na Sasannaich dùbhlan a thoirt dhan seo. Chuireadh iad arm mòr gu tuath. Cha robh mòran dòchais ann gun seachnadh Alba cunnart an blàr eachraidh. Ach bha bliadhna aca airson ullachadh.

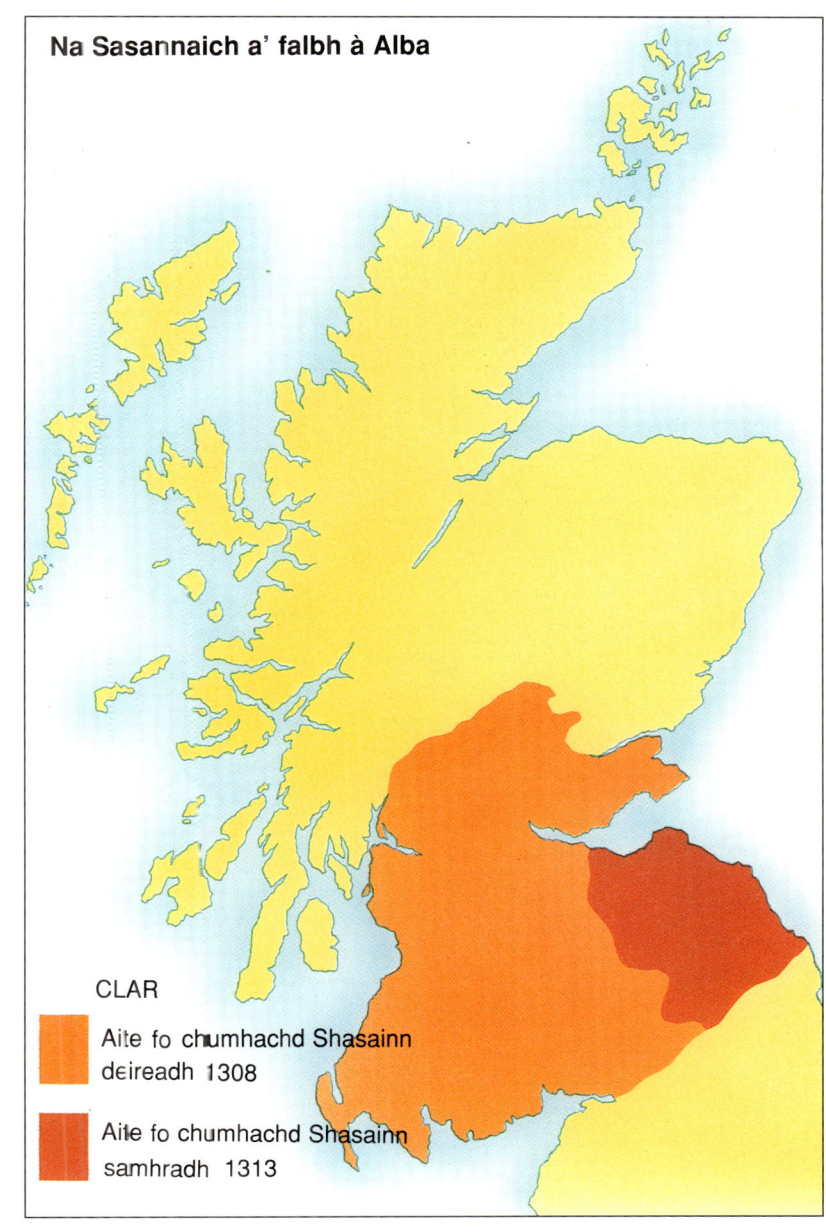

Na Sasannaich a' falbh à Alba

CLAR

Aite fo chumhachd Shasainn deireadh 1308

Aite fo chumhachd Shasainn samhradh 1313

Blàr Allt a' Bhonnaich

Bha fios aig Eideard II gum feumadh e gluasad an aghaidh Alba. Ghairm e arm à Sasainn, Eirinn 's às a' Chuimrigh airson Caisteal Shruighlea a chuideachadh. Bha mu 2,000 eachraidh agus 15,000 saighdear coise aige, fada bharrachd na bh' aig Alba.

Bha mu 5,000 saighdearan coise air an deagh thrèanadh aig Brus agus 500 fear each luath. Bha an t-arm air a bhith soirbheachail fodha fhèin 's a cheannardan fad seachd bliadhna.

Gu h-àrd: Tha an dealbh seo à Scotichronicon na còigeimh linne deug a' sealltainn Bhrus a' marbhadh Henry de Bohun.

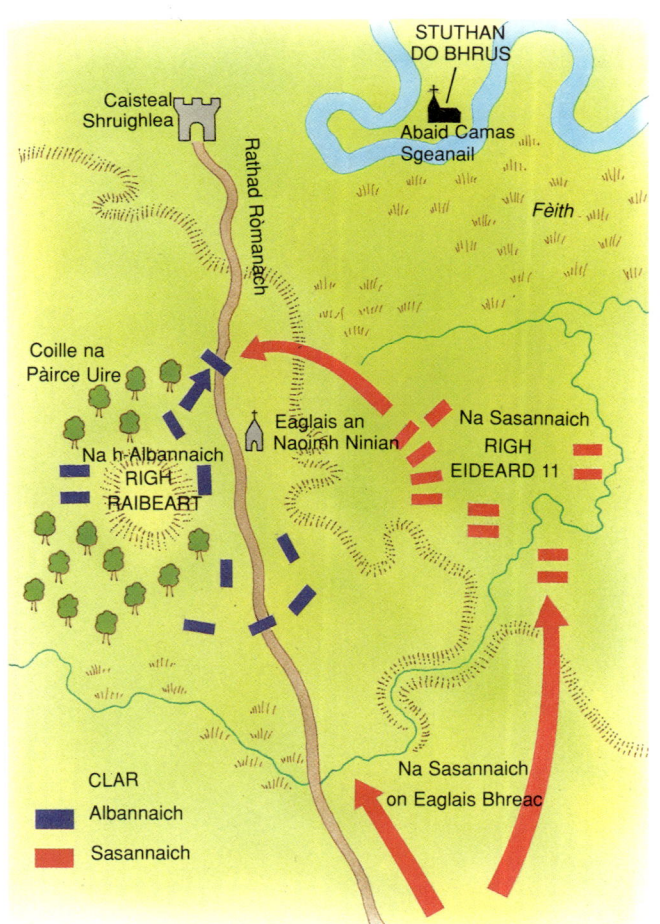

Clì: Plana den chiad latha de Bhlàr Allt a' Bhonnaich

Airson na h-Albannaich a chuideachadh cho mòr 's a ghabhadh, thagh Brus raon a' bhlàir gu faiceallach. Chaidh claisean a chladhach 's an còmhdach agus spìcean 's buill bhiorach iarainn a sgaoileadh.

Air an 23mh den Og-mhìos 1314 choinnich an dà arm. Thainig tùs an arm Shasannaich an aghaidh cath-bhuidhinn Bhrus a bha a' dùnadh an rathaid gu Sruighlea. Chunnaic ridire òg, Henry de Bohun, an Rìgh Raibeart air ponaidh beag glas. Thug e ionnsaigh air le sleagh ach mharbh Brus e le aon bhuille den tuagh. Ged a thuirt ceannardan an airm gun robh Brus gòrach ga chur fhèin ann an cunnart còmhla ri aon duine, thug e misneachd dha na fir aige. Bhrùth iad air adhart agus thill an eachraidh.

Dh'fhàg roinn eile de dh'eachraidh Shasainn am prìomh arm. Chaidh iad tarsainn Allt a' Bhonnaich agus, gun fhiosda, rinn iad air cùl arm nan Albannach. Bha Brus air na daoine aig Randolph a shuidheachadh ach am biodh àireamh an dà arm co-ionnan. Choinnich buidheann Randolph ris an eachraidh ach chan fhaigheadh iad tro loidhnichean luchd nan claidheamh. Mharbhadh tòrr ridirean agus eich ach cha deach mòran Albannaich a leòn idir. Thill na Sasannaich.

Thug Eideard II an t-arm aige tarsainn an uillt agus chuir e suas campa airson na h-oidhche. Bha uisge ann dha na h-eich ach bha an t-arm eadar dà allt a bha a' sruthadh dhan Abhainn Dhuibh.

Tron oidhche thàinig Albannach a bha a' sabaid dha na Sasannaich gu taobh Alba. Bhrosnaich esan Brus gu sabaid. Sa mhadainn ghluais Alba an aghaidh na h-eachraidh. Cha robh rum tionndaidh

Ghiùlain na h-Albannaich Brecbennach Cholum Cille dhan bhlàr.

aig na h-eich. Cha robh neart nan Sasannach gu feum dhaibh. Sgap marcaichean Raibeairt Keith boghadairean Shasainn agus bha cothrom aig Alba. Theich Eideard gus nach deigheadh a ghlacadh. Chaidh tòrr a bhàthadh anns na h-uillt agus anns an Abhainn Dhuibh 's iad a' feuchainn ri teiche. Chaidh iomadh prìosanach cudromach a ghlacadh le Alba airson èirig.

Raibeart an Rìgh Math

Bhuannaich Brus am blàr airson na rìoghachd agus bha taic nan daoine aige. Bha an tàmailt air Eideard II ach cha dèanadh e sìth. Thug Brus na prìosanaich mar èirig airson gun deigheadh a bhean, a nighean 's a charaidean a bha an grèim ann an Sasainn a thilleadh.

Bha dà obair a-nis ro Bhrus. Bha aige ri toirt air na Sasannaich sìth a dhèanamh agus an rìoghachd a thogail às ùr. Chuir e daoine a thoirt ionnsaigh air ceann a tuath Shasainn. Thill iad le airgead agus bathar a phàigh Sasainn airson nach dèanadh Alba an còrr millidh. Chuir e arm a shabaid nan Sasannach ann an Eirinn. Fhuair a bhràthair, Eideard, crùn Eirinn ach stad an t-strì seo nuair a mharbhadh Eideard ann an 1318. San aon bhliadhna bhuannaich Seumas Dùbhghlas Bearaig air ais o na Sasannaich.

Chaidh luchd-eaglais agus triathan a chur chun a' Phàp airson an cuideachadh sìth fhaighinn.

Thugadh misneachd do mhalairt anns na borghan gus saoibhreas na dùthcha a bhrosnachadh. Fhuair cuid de na borghan rìoghail mar Obar Dheathain duais airson an dìlseachd. Bha bùirdeasaich a' riochdachadh nam borghan anns a' Phàrlamaid. Bha luchd-eaglais, uaislean 's ceannardan bhailtean cudromach ann a bhith a' riaghladh na rìoghachd a-rithist.

Bha an eaglais ag obair còmhla ris an rìgh. Chuir iad an lagh *Regiam Majestatam* (lagh na rìoghachd) na chèile agus bha seo ann an Alba airson trì cheud bliadhna. B' e duine diadhaidh a bh' ann am Brus. Thug e airgead 's fearainn dhan eaglais agus dh'iarr e ùrnaighean dhan teaghlach a chaill e.

Bho thòisich an cogadh ri Sasainn, bha am Pàp, ceann na h-Eaglaise Caitligich, air a bhith cudromach do Shasainn agus do dh'Alba. Rè àm Uallas, thug e taic do dh'Alba, ach 's ann na charaid do na Sasannaich a bha e mar bu trice. Chuir Alba mòran theachdairean agus litrichean chun a' Phàp anns an Ròimh. Bha iad ag iarraidh air taic a thoirt do dh'Alba agus cuideachadh gus an cogadh a stad.

An dèidh do Bhrus Iain Comyn a mhurt ann an 1306, chuir am Pàp Brus agus a luchd-taic às an eaglais. Cha b' urrainn dhaibh pàirt a ghabhail ann an seirbheisean. Bha seo na pheanas eagalach.

Gu h-àrd: Bha pàtran traidiseanta air Seula Rìgh Raibeart I, le ridire ann an armachd air each air aon taobh agus an rìgh a' dèanamh ceartais air an taobh eile.

Tha taic do Bhrus air a dhèanamh aithnichte air an tùr seo ann an Abaid Dhùn Phàrlain, far a bheil e air a thiodhlagadh.

37

Taisbeanadh Obar Bhrothaig

Bha e doirbh do luchd-eaglais Alba, a chuidich Brus a' saoradh Alba, a bhith air an cur às an eaglais. Bha aca ri òrdain a' Phàp a leantainn, ach cha chuidicheadh iad Eideard II. Dh'fheuch iad ri inntinn a' Phàp atharrachadh.

Chuir na h-uaislean litir chun a' Phàp Iain XXII a' cur an aghaidh na cùise agus a' toirt taic do Bhrus. Chuir iad an cèill còir nan daoine ri saorsa 's an dleasdanas a' chòir seo a dhìon. Dh'iarr an litir air a' Phàp aithne a thoirt do chòir nan Albannach iad fhèin a dhìon o Shasainn a bha na bu treasa agus nas cathaiche na iadsan.

Taisbeanadh Obar Bhrothaig.

Thuirt an litir, ris an canar Taisbeanadh Obar Bhrothaig:

'Chan ann airson glòir, no beairteas no urram a tha sinn a' sabaid 's a' strì ach airson saorsa a-mhàin, rud nach leig duine onarach sam bith seachad ach le bheatha.'

Bha cuideachd sgrìobhte mura dèanadh Brus a dhleasdanas agus gun gabhadh e ri riaghladh Shasainn:

'feuchaidh sinn sa bhad ri fhuadach mar nàmhaid . . . agus cuiridh sinn rìgh eile os ar cionn a dhìonas ar saorsa: ged nach biodh barrachd air ceud dhinn air ar fàgail beò chan aontaich sinn gu bràth sinn fhìn a chur fo smachd riaghaltas Shasainn.'

Nan diùltadh am Pàp cuideachadh, thuirt iad gun cuireadh Dia a' choire air airson na bha ann de bhàsan agus an trioblaid a bha fhathast ri thighinn. A dh'aindeoin Taisbeanadh Obar Bhrothaig lean an cogadh eadar Alba agus Sasainn airson mòran bhliadhnaichean an dèidh seo agus cha tug am Pàp aithne do Bhrus mar Rìgh Alba gu 1323. Ach dhearbh Rìgh Alba gun robh e na cheannard agus na fhear-riaghlaidh làidir. Thug e diofar phàirtean na rìoghachd gu chèile mar aon dhùthaich agus sheall e e fhèin mar dhuine math.

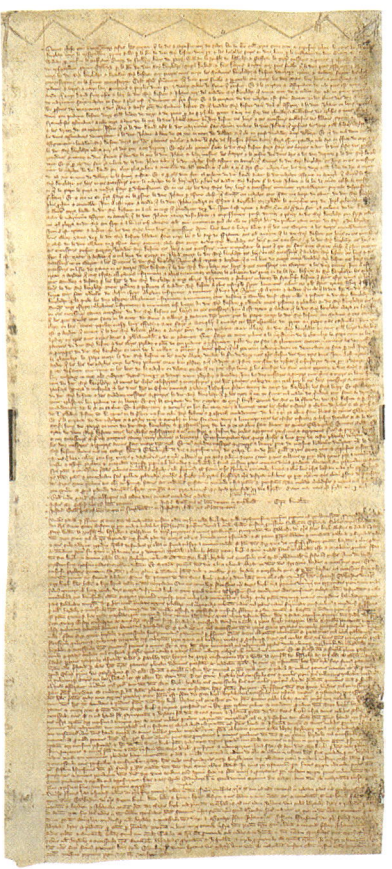

Gu h-àrd: Chuir Alba agus Sasainn an ainmean ris a' chùmhnant sìthe seo ann an Dùn Eideann ann an 1328.

Clì: Chaidh Taisbeanadh Obar Bhrothaig a dhèanamh suas ann an Abaid Obar Bhrothaig. Bha e an urra ris an abaid, Bernard à Linton, na litrichean chun a' Phàp a chur air dòigh.

Ann an 1328 thug còrdadh ann an Dùn Eideann a' chuid seo den chogadh ri Sasainn gu crìch ach, ged a gheall Sasainn Lia Fàil agus rudan eile a ghoid Eideard I a thilleadh, cha do thill. Ann an 1324 fhuair an rìoghachd oighre. Bha gille, Daibhidh, aig bean Bhrus, a' bhànrigh Ealasaid.

Dìleab Bhrus

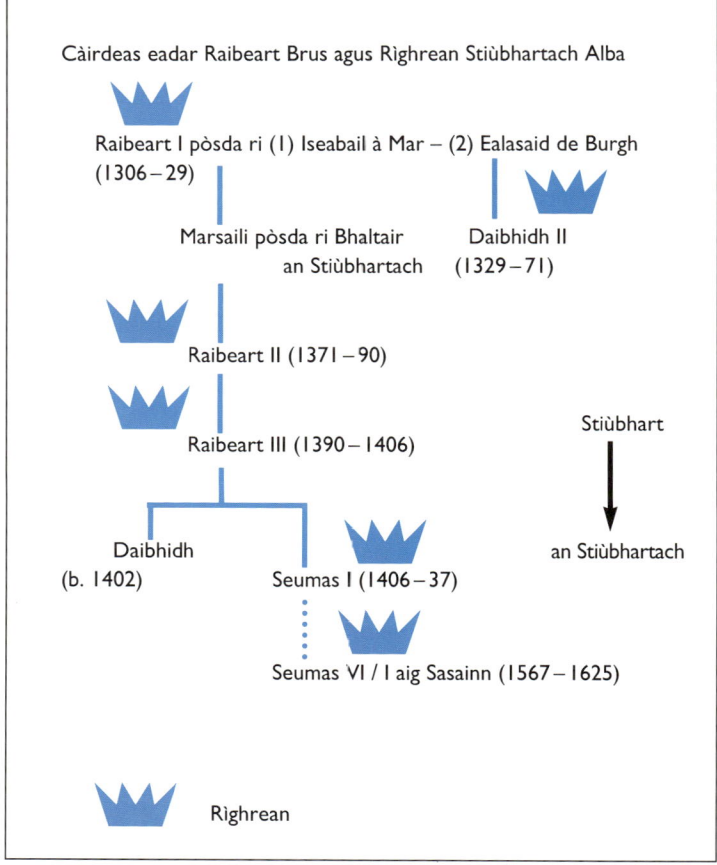

Aig deireadh a bheatha b' urrainn do Bhrus coimhead air ais air strì fhada airson an rìoghachd a shaoradh o Shasainn agus rìoghachdan eile gabhail ris mar Rìgh Alba. Bha seann iarlachdan Ceilteach Alba ann fhathast agus thug Brus do luchd-taic iad airson an dìlseachd.

B' iad na Dùbhghlasaich, na Stiùbhartaich, na Moirich, 's na Brusaich a-nis uachdarain cho mòr 's a bha ann an Alba. Cha robh cumhachd gu bith aig lethid muinntir Chomyn is Baliol tuilleadh. B' ann aig na Dòmhnallaich, Triathan nan Eilean, a bha a' mhòr-chuid den iar. B' e mac le Marsaili, nighean Bhrus, a' chiad rìgh Stiùbhartach. Fada an dèidh seo, ann an 1603, thug na Stiùbhartaich Alba agus Sasainn còmhla fo aon rìgh, Seumas VI ann an Alba 's I ann an Sasainn.

Càirdeas eadar Raibeart Brus agus Rìghrean Stiùbhartach Alba

Raibeart I pòsda ri (1) Iseabail à Mar – (2) Ealasaid de Burgh
(1306 – 29)

Marsaili pòsda ri Bhaltair an Stiùbhartach

Daibhidh II (1329 – 71)

Raibeart II (1371 – 90)

Raibeart III (1390 – 1406)

Stiùbhart → an Stiùbhartach

Daibhidh (b. 1402)

Seumas I (1406 – 37)

Seumas VI / I aig Sasainn (1567 – 1625)

Rìghrean

An ìomhaigh ainmeil de Rìgh Raibeart I aig Ionad Dualchais Allt a' Bhonnaich.

Chuidich an t-strì ri Sasainn an Eaglais, na h-uaislean 's na bùirdeasaich anns na bailtean ùra gu bhith cudromach ann an riaghladh na rìoghachd.

Bha dòighean sabaid air atharrachadh cuideachd. Sheall Alba mar a chuireadh deagh luchd-sleagh fodha eachraidh mhòr. Dh'fhàs boghadairean cudromach ann am blàran a' toirt ionnsaigh air daoine air eich o astar sàbhailte. Bha e doirbh a' chùis a dhèanamh air luchd-ruagaidh luath air eich mar a bh' aig Brus agus dh'fhàs iad na bu chudromaiche na ridirean le armachd air eich cogaidh.

Chuir Brus seachad ùine ann an taigh ùr ann an Cardross san iar anns na bliadhnaichean mu dheireadh aige. Thog e taigh mainear agus birlinn airson seòladh dha na h-Eileanan an Iar. Bha e airson tòrr a dhèanamh le bheatha nuair a bha e òg ach na Rìgh bha e cuideachd coibhneil ri charaidean agus cùramach a rìoghachd a dhìon.

Thatar den bheachd gur dòcha gur ann le Raibeart Brus a tha an claigeann seo à Abaid Dhùn Phàrlain. Chleachd an deilbhear Pilkington Jackson e airson an deilbh air an duilleig air an taobh thall a dhèanamh.

Scots, wha hae

Scots, wha hae wi' Wallace bled,
Scots, wham Bruce has aften led,
Welcome to your gory bed,
              Or to victorie!

Now's the day, and now's the hour:
See the front o' battle lour,
See approach proud Edward's power –
              Chains and slaverie!

Wha will be a traitor knave?
Wha can fill a coward's grave?
Wha sae base as be a slave? –
              Let him turn, and flee!

Wha for Scotland's King and Law
Freedom's sword will strongly draw,
Freeman stand or freeman fa',
              Let him follow me!

By oppression's woes and pains,
By your sons in servile chains,
We will drain our dearest veins
              But they shall be free!

Lay the proud usurpers low!
Tyrants fall in every foe!
LIberty's in every blow!
              Let us do, or die!

              Raibeart Burns, 1759-96

Tha cuimhne air Brus agus Uallas ann an cuid de bhàrdachd tràth Albannach; *Am Brus* a chaidh a sgrìobhadh ann an 1375 agus *Uallas* le Blind Harry a chaidh a dhèanamh anns a' chòigeamh linn deug. Bha muinntir Alba air sabaid còmhla an aghaidh luchd-ionnsaigh cèin. Thug Brus Goill 's Gaidheil còmhla airson sabaid airson an aon adhbhair. Chumadh blàran an aghaidh Shasainn a' dol iomadh bliadhna fhathast. Bhiodh blàran air an sabaid 's air am buannachadh, ach bha Alba air a h-àite mar rìoghachd air leth a ghleidheadh.

Beag-fhaclair

Aircealladh
Eu-coir an aghaidh na h-eaglaise

Birlinn
Bàta fosgailte sam biodh ràimh agus siùil

Boghadair
Saighdear a bhiodh a' cleachdadh bogha agus saighead

Bùirdeasaich
Na daoine bu chudromaiche a bha a' fuireach anns na borghan

Cìsean
Pàigheadh airson rud a chleachdadh mar rathad no muilinn

Cogadh Croise
Cogadh a bha aig Crìosdaidhean airson Israel fhaighinn air ais o Mhuslamaich san Linntean Meadhanach

Dubhan Greimeachaidh
Dubhan le ròp air a cheann. Bithear ga shadail thairis air balla airson faighinn tarsainn air

Eachraidh
Saighdearan air eich

Eilthireachd
Turas gu àite naomh

Eirig
Prìs air a phàigheadh airson prìosanach a shaoradh

Iarlan
Na h-uaislean a bu chudromaiche. Bha mu dhà dheug ann an Alba

Inneal Sèisde
Inneal a bhiodh a' toirt ionnsaigh air caisteal le bhith a' losgadh chlachan air

Linntean Meadhanach
Ann an eachdraidh, na bliadhnaichean eadar 500 agus 1500 A.D.

Luchd-dìon
Daoine a bha air an taghadh airson na dùthcha a ruith nuair nach robh an rìgh ann

Oighre
Cuideigin a gheibh tiotal nuair a bhàsaicheas an duine aig a bheil e, mar prionnsa a' dol na rìgh nuair a bhàsaicheas athair

Sagsanaich
Na daoine a bha a' fuireach ann an Sasainn ro na Normanaich

Umhlachd
Urram air a shealltainn do dhuine

Mapa de dh'Alba, le àiteachan a tha a' nochdadh san teacs.

SHALTAINN

Sgeile

0   100   200   cilemeatairean

0   50   100   mìltean

ARCAIBH

Caibeal an Naoimh Duthach

BUCHAINN

Inbhir Nis

MOIREABH   Inbhir Uraidh

Caisteal Chinn Droma

Obar Dheathain

GARBH MHORBHAIRNE

Montròs

Obar Bhrothaig

Sgàin   Dùn Deagh

Bealach a' Bhranndair

Peairt

EILEAN I

EARRA-GHAIDHEAL

Sruighlea   Dùn Phàrlain   Dùn Barra

Cardross

Rinn Friù   Dùn Eideann   Berwick-upon-Tweed

Glaschu   Lannraig   Norham

Bothwell   Am Maol Ros

Cill Mhearnaig   Caisteal Rosbroig

EILEAN RATHLIN

Dùghlas

Caisteal   Inbhir Air   SRATH ANANN

Dhùn Abhartaich   Caisteal Turnberry

CARRAIG   Dùn Phris   An Caisteal Nuadh

Gleann an t-Sruthrail   Carlisle

GALLAIBH

Burgh-on-Sands

43

Tuilleadh Fiosrachaidh

Leabhraichean rin leughadh

Neo-ficsean

Tha cuid de leabhraichean eachdraidh air Alba agus Sasainn aig an àm seo anns am bheil fiosrachadh freagarrach.

Norman Britain, Tony Triggs (Wayland, 1990). Dealbh math, farsainn air na Normanaich.

History Makers of the Middle Ages, Peter Chrisp (Wayland, 1994). Tha caibideal an seo mu Raibeart Brus.

Robert the Bruce, King of Scots Ronald McNair Scott (Canongate Press, 1988)

Ficsean

Quest for a Maid, Frances Mary Hendry (Canongate Press, 1988)
Sgeulachd mu dhaoine anns na borghan aig àm bàs Alasdair III.

Aitichean sònraichte

Ionaid Dualchais Allt a' Bhonnaich air a ruith le Urras Nàiseanta na h-Alba
Càrn Uallas air a ruith le Comhairle Sgìreal Shruighlea
Ionad Tadhail Gleann an t-Sruthail, Gleann an t-Sruthail
Abaidean agus Caistealan Alba – mòran air an ruith le Historic Scotland, a tha a' dèanamh leabhraichean iùil. Tha Historic Scotland cuideachd a' dèanamh pasgain fiosrachaidh math air mòran de dh'àitichean eachdraidheil mar
Abaid Obar Bhrothaig agus Caisteal Shruighlea.
Is minig a chithear cunntasan air Cogaidhean nan Saorsa nar bailtean fhìn.
Tha taighean-tasgaidh agus mapaichean math airson tuilleadh fiosrachaidh.

Tha BBC Foghlam Alba air dà aonad de phrògraman a riochdachadh ann am Beurla air a chuspair seo (craobh-sgaoileadh am Foghar 1994):
Airson telebhisean – *Bruce's Scotland* ann an *Around Scotland*.
Airson rèidio – *Wallace's Scotland* ann an *Scottish Resources* 10-12.
Tha taic ann an clò ri fhaotainn bho: BBC Foghlam, 5 Sràid na Bànrigh, Dùn Eideann EH2 1JF.

Clàr-amais